PETRA LAHNSTEIN

Die kleine Wolke

Mała chmurka

Mit Illustrationen von / Z ilustracjami

Marion Gerstel / Nicole Hühner

1. Auflage / 1. wydanie 2016

Gute Ideen Verlag
65599 Dornburg, Germany
www.gute-ideen-verlag.de

Autor / Autorka	Petra Lahnstein
Illustrationen / Ilustracje	Marion Gerstel, Nicole Hühner
Übersetzung / Tłumaczenie	www.ask4more.de
ISBN	978-3-945067-31-4

Das Buch ist auch als E-BOOK erhältlich. *Książka ta jest również dostępna w formie E-book.*
ISBN 978-3-945067-32-1

PETRA LAHNSTEIN

Die kleine Wolke

Mała chmurka

Mit Illustrationen von / Z ilustracjami
Marion Gerstel / Nicole Hühner

Das ist die kleine Wolke. Sie ist erst wenige Wochen alt und lebt im Regenwolken-himmel. Ganz weit oben über den Häusern.
Doch obwohl die kleine Wolke eine Regenwolke ist, wird sie nicht gerne nass. Daher hält sie immer einen großen grünen Schirm über sich.

To jest mała chmurka. Ma ona dopiero kilka tygodni i żyje w niebie-chmur-desz-czowych. Bardzo daleko w górze, nad domami.
Lecz pomimo tego, że mała chmurka jest też deszczową chmurą, to wcale nie lubi być mokra. Dlatego też zawsze trzyma nad sobą duży zielony parasol.

Während andere Wolken in ihrem Alter üben, wie man regnet, springt die kleine Wolke am liebsten von einer Wolke zur anderen.
„Autsch!" Jetzt ist sie mitten auf den Kopf einer anderen Wolke gesprungen.

W tym czasie, gdy inne chmurki w jej wieku ćwiczą, jak się robi deszcz, mała chmurka najchętniej skacze od jednej chmury do drugiej.
„Ała"! Właśnie teraz wylądowała na śroku głowy innej chmury.

Das mag die Regenwolke gar nicht. Sie schimpft und macht sich über den Regenschirm lustig. Dann fangen die Regenwolken an zu regnen. So heftig, dass der Schirm der kleinen Wolke wegfliegt.

Chmura deszczowa wcale tego nie lubi. Narzeka głośno i wyśmiewa parasol. Nagle zaczyna z chmur deszczowych padać deszcz. I to tak gwałtownie, że parasol małej chmurki odfrunął w dal.

Die kleine Wolke ist traurig und ganz schön nass. Zuhause trocknet ihre Mama sie daher schnell ab. Sie weiß, dass die kleine Wolke keinen Regen mag. Das macht ihr manchmal ganz schön Sorgen. Was soll aus der kleinen Wolke nur werden?

Mała chmurka jest smutna i kompletnie mokra. Dlatego w domu jej mama szybko wyciera ją do sucha. Mama wie, że mała chmurka nie lubi deszczu. To ją bardzo martwi. Co wyrośnie z małej chmurki?

In der Schule erklärt die Lehrerin, Frau Wolken-Wichtig-Wissensmeyer, dass es auch Schönwetter-Wolken gibt. Sie sehen aus wie Schäfchen und stehen nur bei schönem Wetter am Himmel.
Die kleine Wolke freut sich. „Jetzt weiß ich, was ich werden will: Eine Schönwetter-Schäfchen-Wolke!"

Nauczycielka w szkole, Pani Ważna-Mądra-Chmura, tłumaczy, że są również chmury-pięknej-pogody. Wyglądają one jak owieczki i płyną po niebie tylko przy pięknej pogodzie.
Mała chmurka cieszy się. „Teraz wiem, czym chcę być: „chmurką - owieczką - pięknej pogody"!

Ihr Freund Kummolino erklärt ihr, wie sie auf die Erde zu den Schönwetterwolken kommen kann. Dafür muss sie unter die Wolkengrenze fliegen. Das ist für eine kleine Wolke ziemlich gefährlich.

Jej przyjaciel Kumolino mówi jej, jak można dostać się na ziemię, do chmur-pięknej-pogody. Mała chmurka musi frunąć poniżej granicy chmur. To jest dla takiej małej chmurki dosyć niebezpieczne.

Trotzdem macht sich die kleine Wolke auf den Weg zur Erde und zu den Schönwetterwolken. Unterwegs begegnet ihr ein großes Flugzeug und wirbelt sie in der Luft hin und her. Sie weiß gar nicht mehr wo oben und unten ist. Aber zum Glück ist das Flugzeug bald wieder weg und die kleine Wolke fliegt weiter Richtung Erde.

Pomimo tego wybiera się mała chmurka w drogę do ziemi i do chmur-pięknej-pogody.
Po drodze spotka ją duży samolot i okręca nią w powietrzu tam i z powrotem. Teraz już nie wie, gdzie jest góra a gdzie dół. Ale na szczęście wkrótce nie ma już samolotu i mała chmurka płynie w kierunku ziemi.

Endlich kann die kleine Wolke die Erde sehen. „Wie schön hier alles ist. Die Häuser, Straßen und Autos. Bäume und Menschen und da ist sogar ein Hund. Alles ist so wunderschön bunt!" Die kleine Wolke ist so glücklich wie noch nie.

Wreszcie mała chmurka może zobaczyć ziemię. "Jak tu jest pięknie. Domy, ulice, auta. Drzewa i ludzie a tu jest nawet pies. Wszystko jest przepięknie kolorowe!" Mała chmurka jest szczęśliwa, jak jeszcze nigdy.

Die kleine Wolke fliegt jetzt über einen Zoo und entdeckt eine Giraffe. Sie heißt Flecki und drückt ihre Augen ganz fest zusammen. Sie ist sich nicht sicher, ob sie träumt. „Ist das wirklich eine Wolke, die da auf mich zufliegt?"

Mała chmurka leci teraz nad ZOO i widzi żyrafę. Żyrafa, która nazywa się Plamka, zaciska mocno oczy. Nie jest pewna, czy jej się to śni. „Czy to, co na mnie leci, to jest naprawdę chmura?"

Flecki und die kleine Wolke freunden sich an. Die kleine Wolke darf sogar auf Fleckis Hals sitzen.
Von hier oben kann sie den ganzen Zoo sehen. Einen Löwen, Ponys, Erdmännchen und jede Menge Kinder mit ihren Eltern.

Plamka i mała chmurka zaprzyjaźniają się. Mała chmurka może nawet siedzieć na szyji Plamki.
Z tej wysokości może widzieć całe ZOO. Lwa, kucyki, surykatki i mnóstwo dzieci ze swoimi rodzicami.

Die kleine Wolke ist begeistert von der Erde, möchte jetzt endlich eine Schönwetter-Schäfchen-Wolke werden. Darum fliegt sie zu den Schönwetterwolken. „An unserem Himmel ist kein Platz für eine Regenwolke", sagt eine Schönwetterwolke.
Die kleine Wolke ist sehr traurig.

Mała Chmurka zachwyca się ziemią, ale chce wreszcie zmienić się w chmurkę -owieczkę -pięknej pogody. Dlatego płynie do chmur pięknej pogody. „Na naszym niebie nie ma miejsca dla chmury deszczowej", mówi jedna z chmur pięknej pogody.
Mała chmurka jest bardzo smutna.

Da entdeckt die kleine Wolke ein Feuer. „Oh je! Im Stall der Schafe brennt es!"
Auch Flecki kann man vor lauter Rauch kaum noch sehen.

Nagle mała chmurka widzi pożar. „O jej! W stajni z owieczkami pali się!"
Żyrafy Plamki też prawie już nie widać przez gęsty dym.

Die kleine Wolke ist ganz aufgeregt. Sie bittet die Schönwetter-Wolken um Hilfe. „Wir alle müssen regnen, um das Feuer zu löschen und die Tiere im Zoo zu retten", sagt sie.

Mała chmurka jest bardzo zaniepokojona. Prosi o pomoc chmury-pięknej-pogody. „Z nas wszystkich musi zacząć padać deszcz, żeby zgasić ogień i uratować zwierzęta w ZOO", mówi chmurka.

Die Schönwetter-Wolken lassen sich überreden, obwohl sie noch nie geregnet haben. Alle zusammen fliegen zum Teich bei den Elefanten. Mutig springen sie in das Wasser.

Chmury pięknej pogody dają się namówić, chociaż jeszcze nigdy nie padał z nich deszcz. Lecą wszystkie razem do stawu przy słoniach. Odważnie wskakują do wody.

Die Wolken sind jetzt alle sehr nass. Über dem Schafsgehege pressen sie die Regentropfen aus sich heraus. Auch der kleinen Wolke gelingt es, ein paar Tropfen heraus zu quetschen.

Wszystkie chmury są teraz bardzo mokre. Wyciskają z siebie krople deszczu nad wybiegiem dla owieczek. Małej chmurce udało się też wydusić z siebie parę kropli.

Jetzt plätschert es auch aus der kleinen Wolke nur so heraus. Den Wolken gelingt es, das Feuer zu löschen. Alle freuen sich und klatschen in die Hände.
„Tatü-Tata!" Da kommt auch das Feuerwehrauto angefahren.

Teraz chlupie deszcz też z małej chmurki. Chmurom udaje się ugasić pożar. Wszyscy cieszą się i klaszczą w ręce.
„Tita-tata!" właśnie nadjeżdża auto strażackie.

Die Schönwetterwolken sind stolz, dass sie jetzt regnen können. Als Dankeschön darf die kleine Wolke ab sofort auch eine Schönwetterwolke sein.
Die kleine Wolke ist überglücklich!

Chmury-pięknej-pogody są dumne, że potrafią teraz robić deszcz. Jako podziękowanie pozwalają małej chmurce być od tej chwili chmurką-pięknej-pogody. Mała chmurka jest przeszczęśliwa!

Die Wolken fassen sich an den Händen und machen tolle Figuren im Himmel. Das machen die Schönwetter-Wolken immer so, wenn es etwas zu feiern gibt.
Alle zusammen sehen aus wie ein Herz.

Chmury biorą się za ręce i układają na niebie wspaniałe figury.
Chmury-pięknej-pogody robią tak zawsze, jak mają powód do świętowania.
Wszystkie razem wyglądają na niebie jak serce.

Alle zusammen stellen ein riesiges Schaf dar.
Ein Schaf entdeckt es und ruft aufgeregt:
„Määäh!"

Wszytkie razem budują na niebie wielką owieczkę.
Jedna z owieczek na ziemi widzi to i woła radośnie: „Meee!"

Dann schließen sich die Wolken zu einer Giraffe zusammen.
Flecki kann ihr Ebenbild am Himmel sehen. Sie lächelt und freut sich, dass sie und die kleine Wolke jetzt Freunde für immer sind. Und die kleine Wolke freut sich, dass sie nie mehr regnen muss!

Następnie łączą się chmury w figurę żyrafy.
Plamka widzi swój obraz na niebie. Śmieje się i cieszy z tego, że ona i mała chmurka są teraz przyjaciółkami na zawsze. A mała chmurka cieszy się też, że już nigdy nie będzie z niej padał deszcz!